L'entretien du gazon

Les problèmes et leurs solutions

Sommaire

BOARD

Choisir son gazon

Le gazon est une culture de plantes, au même titre que les rosiers et les fleurs du jardin, ou même les laitues et autres plantes du potager. En conséquence, au moment de faire (ou de refaire) sa pelouse, le choix des plantes dépend de la destination voulue, mais aussi des moyens que l'on souhaite y consacrer.

Qu'est-ce qu'un gazon ?

Un gazon est constitué d'herbes rases vivaces appartenant aux graminées. Grâce à la tonte effectuée régulièrement, ces plantes sont maintenues à l'état végétatif ce qui veuit dire qu'elles ne peuvent ni fleurir ni faire des graines comme le fait le blé par exemple. C'est ainsi que l'on obtient un tapis herbacé vert, dense et régulier.

Bien que couvrant le sol d'une manière homogène, on s'aperçoit, en regardant de près un gazon, qu'il est constitué d'une juxtaposition de plantes qui ne sont pas toutes forcément semblables. Ces plantes appartiennent à différentes espèces qui peuvent être aussi distinctes que les espèces d'arbres dans un bois. Chacune de ces espèces possède ses caractéristiques propres (feuilles plus ou moins larges, croissance plus ou moins rapide, résistance à la sécheresse ou non…)

Comment les graminées couvrent le sol

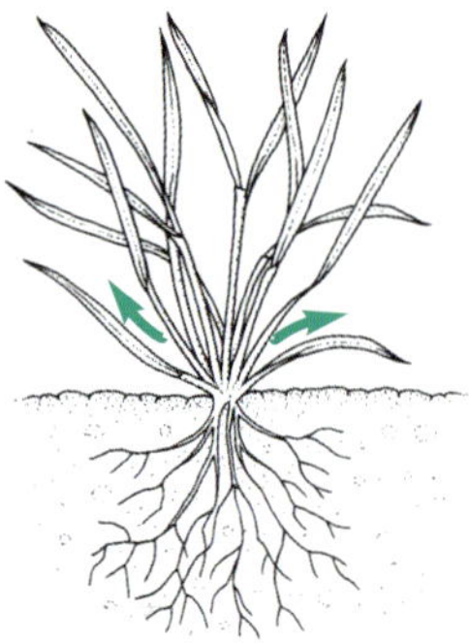

Les graminées possèdent la faculté de créer un tapis dense grâce à des bourgeons qui se développent à la base des feuilles. C'est le phénomène du **tallage**. Ainsi, à partir de quelques graines semées, une pelouse peut couvrir toute la surface du sol.

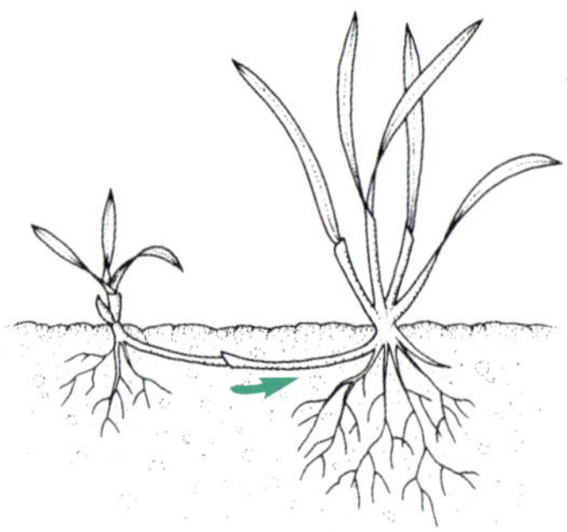

Certaines espèces ont des **rhizomes**. Ce sont des tiges souterraines rampantes qui émettent des bourgeons. Elles permettent à la plante de progresser et, en cas d'arrachage superficiel, de se régénérer et donc de regarnir le sol.

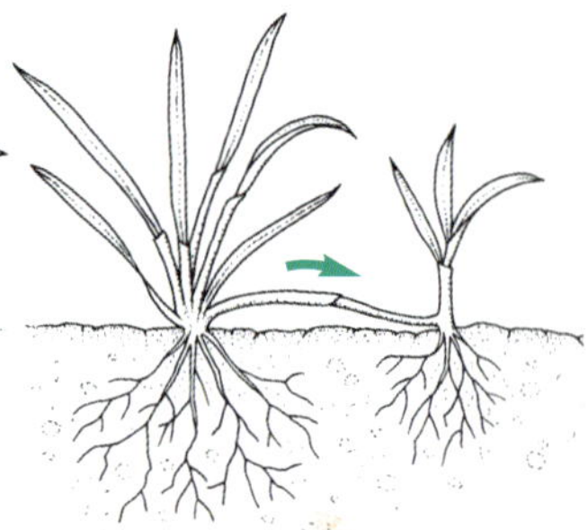

D'autres espèces ont des **stolons**. Ce sont des tiges grêles s'allongeant sur le sol en donnant naissance à de nouvelles plantes (à la manière du fraisier). Dans un gazon, la plante progresse mais supporte mal le piétinement et surtout les arrachements.

De plus, pour chacune des espèces destinées au gazon, les sélectionneurs ont réussi à obtenir des variétés améliorées au même titre que des variétés de rosiers ou de tulipes.

Gazon à feuilles grossières (fétuque élevée)

Gazon à feuilles fines (agrostides)

Les différentes espèces de graminées à gazon

1 Ray-grass anglais

- Installation rapide, feuillage moyen et dense, résistance exceptionnelle au piétinement.
- Espèce agressive, à tondre régulièrement, résistance moyenne à la sécheresse.

2 Pâturin des prés

- Bonne résistance au piétinement et à l'arrachement, bon pouvoir de régénération par ses rhizomes, pousse moyenne.
- Feuillage : moyen à grossier
- Installation lente, exigeante en entretien (en région sèche, arrosage indispensable), certaines variétés sensibles aux rouilles.

3 Fétuques rouges

- Trois sous-espèces assez différentes : gazonnante, demi-traçante, traçante.
- Feuillage fin et dense, pousse assez lente, bonne adaptation dans tous les types de sol.
- Installation lente, résistance variable au piétinement mais toujours assez faible.

4 Fétuque ovine durette

- Proche des fétuques rouges, à feuillage très fin et à croissance lente, bonne adaptation même dans des sols difficiles.
- Bonne résistance à la sécheresse et rustique

5 Fétuque élevée

- Excellente adaptation aux climats chauds et secs, très bonne résistance au piétinement, bon comportement en zones inondables.
- Installation assez lente, feuilles un peu larges (parfois très larges).

6 Agrostides

- Feuillage très fin et rampant donnant un gazon très dense, grande tolérance aux tontes courtes et fréquentes, forte agressivité.
- Faible résistance au piétinement et à l'arrachement, très exigeante en entretien (eau + engrais), assez sensible aux maladies.

Les types de pelouses

Les gazons sont presque toujours constitués de mélanges de différentes espèces et variétés. Ainsi, en fonction de leurs caractéristiques, on choisit les espèces qui correspondent le mieux au climat de la région et à la destination du gazon.

Comme nous souhaitons tous un gazon parfait, sans défaut, le choix des variétés peut aider à obtenir les meilleures chances de réussite. En mélangeant deux ou trois variétés dans une espèce, on peut espérer qu'à certains moments, les défauts de l'une soient compensés par les qualités d'une autre. Mais attention, il faut être bien lucide : le choix du mélange ne fait pas tout.

Gazon « résistant au piétinement »

L'entretien qui est pratiqué compte pour beaucoup, pas seulement en moyen financier mais le plus souvent en temps consacré aux soins.

Pour un gazon « résistant au piétinement » c'est-à-dire où l'on peut marcher et même jouer au football, la composition du mélange comprendra au moins 60 % d'espèces adaptées à cet usage : ray-grass anglais, pâturin des prés, fétuque élevée.

Pour un gazon « facile à vivre » qui s'installe vite et tolère le piétinement, une composition comprenant 30 à 40 % de ray-grass anglais fera l'affaire.

Pour un gazon « d'ornement », c'est-à-dire destiné à être regardé et pas à être piétiné, il faut s'orienter vers des espèces dont le feuillage est fin et dense : fétuques rouges, agrostides, fétuque ovine durette.

Ci-dessus : un gazon « facile à vivre » tolère un certain piétinement.

Gazon d'ornement

Pour un gazon « demandant peu d'entretien », le choix se portera plutôt vers des espèces à croissance lente pour avoir un peu moins de tontes : fétuques rouges (gazonnante ou demi-traçante), fétuque ovine durette. Mais attention, si en plus le gazon est destiné à être piétiné, il faut plutôt donner la priorité à la résistance au piétinement : on ne peut pas tout avoir.

Pour un gazon « peu exigeant en eau » et assez tolérant à l'absence d'eau en été, les espèces constituant le mélange seront résistantes à la sécheresse et même à la chaleur : fétuque élevée, fétuque rouge demi-traçante, fétuque ovine durette.

Les compositions particulières

Dans certains cas, une composition un peu plus adaptée doit être choisie. Mais les solutions ne sont pas toujours parfaites et l'entretien pratiqué est aussi très important surtout s'il comporte des particularités.

Le gazon à l'ombre

Tout d'abord, il faut savoir que sous des conifères (haie de thuyas, cèdre ou pin isolés) il est impossible de conserver du gazon. En effet, non seulement les racines proches de la surface absorbent toute l'eau disponible mais la luminosité sous les arbres est beaucoup trop faible toute l'année. Seul des plantes couvre-sol comme le lierre, le millepertuis peuvent être installées.

Gazon à l'ombre

Gazon sur talus

Sous des arbres à feuilles caduques (qui tombent à l'automne), où l'ombre n'est pas trop forte, il est possible de choisir un gazon à base de ray-grass anglais, fétuques rouges, fétuque ovine et d'une espèce moins employée, le pâturin commun. Mais, un gazon situé à l'ombre des arbres demande un entretien particulier (voir page 59).

Le gazon sur un talus

Sur un gazon pas trop pentu (5 à 10 % maxi car il faut penser à la tonte), le mélange de gazon doit comporter un certain pourcentage de pâturin des prés qui, par

Gazon fleuri : il ne doit pas être tondu mais fauché une à deux fois par an.

ses rhizomes, retiendra la terre. Pour des pentes plus abruptes, il faut avoir recours aux plantes couvre-sol.

Les « gazons fleuris »

La pelouse fleurie ou la prairie fleurie est un mélange d'espèces de graminées à faible croissance et d'espèces florales, la plupart du temps des fleurs sauvages (marguerite, coquelicot, centaurée...) L'entretien est particulier : on ne tond pas un « gazon fleuri » mais on le fauche une à deux fois par an, en suivant bien les recommandations du fournisseur, afin que les floraisons suivantes ne soient pas supprimées. De plus, il est évident que tout désherbage sélectif, c'est-à-dire qui élimine toute plante autre que les graminées, est interdit.

Les « faux gazons »

Certaines espèces de plantes tapissantes portent des noms qui suggèrent leur appartenance aux gazons. Il s'agit de plantes pour rocailles ou bordures. Ainsi, le « gazon d'Espagne » désigne l'arméria maritime, le « gazon turc », la saxifrage mousseuse, le « gazon de Mahon », la malcomie maritime. Elles n'ont aucun intérêt pour un « vrai gazon » car elles sont sensibles au piétinement. La sagine, elle, peut-être utilisée pour couvrir les joints des dalles.

Sagine

L'achat des semences

Devant le rayon « gazons », essayez de faire le choix le plus judicieusement possible, en regardant la dénomination commerciale mais aussi en lisant l'étiquette et en demandant conseil.

Mélange de graines de gazon montrant la différence de taille entre les espèces de graminées.

La dénomination commerciale

Il s'agit d'une appellation à l'entière liberté du fabricant (producteur ou distributeur). En principe, l'indication renseigne sur le type d'utilisation.

On trouve par exemple :

- Gazon rustique, Spécial faible entretien...
- Gazon Sport et Jeux, Gazon Détente et Agrément,
- Gazon Rapide, Gazon Regarnissage...
- Gazon Spécial Terrains Ombragés, Spécial Terrains Secs...

ATTENTION

Composition

la composition est indiquée en pourcentage de poids de graines par espèces composant le mélange. Or, le nombre de graines contenues dans un gramme est extrêmement variable. En conséquence, le chiffre représentant le nombre de graines (et donc de plantes à la germination), en général, n'est pas du tout le même que celui du pourcentage indiqué sur l'étiquette.

La lecture de l'étiquette

Sur l'emballage (boîtes ou sachets) ou sur l'étiquette verte du Service Officiel de Contrôle SOC (sacs), figurent obligatoirement les mentions suivantes :

- le poids net,
- le numéro de l'établissement conditionneur,
- le numéro du lot,
- la **liste des espèces et des variétés** ainsi que leur proportion dans le mélange.

Les pièges à éviter

Attention aux gazons trop bon marché dont la qualité des variétés n'est pas toujours assurée, aux dénominations commerciales fantaisistes et aux espèces de gazons pour climats chauds, qui ne donnent de bons résultats que sous les tropiques…

Le prix

Les gazons bon marché sont, c'est vrai, tentants. Pourtant, dans la majorité des cas, ils sont composés de variétés de qualité médiocre. Ils donnent une pelouse fragile qui, au bout de quelque temps va se dégarnir. Le coût des graines de gazon, calculé au mètre carré de pelouse, est minime. L'investissement vaut la peine de dépenser un peu plus.

Les dénominations commerciales

Les noms marqués sur l'emballage font, la plupart du temps, référence à la destination : « Sports et Jeux » par exemple. Mais on peut aussi trouver des noms fantaisistes qui ne doivent pas faire illusion. En voici quelques exemples : « Gazon Anglais », « Gazon British » « Gazon Universel », « Gazon Confort », « Gazon Tous Types de Terrains », « Gazon Toujours Vert », « Gazon Soins Mini », etc. Ne vous y fiez pas : vérifiez toujours la composition du gazon au dos du paquet de graines.

Les gazons pour climat chaud

Il est possible de trouver des espèces particulières qui sont très bien adaptées pour les climats chauds et même tropicaux. Parmi celles-ci, il existe :

- le bermudagrass (ou *Cynodon*),
- le kikuyu (ou *Pennisetum*),
- le bahiagrass (ou *Paspalum*),
- le Saintaugustinegrass (ou *Stenotaphrum*),
- le zoysiagrass (ou *Zoysia*).

Gazon tropical en hiver : un paillasson !

Ces espèces ont la particularité d'entrer en dormance en période hivernale (en dessous de 5 à 10 °C) et donnent alors une pelouse « paillasson ». Mais, le plus grave, c'est leur très grande sensibilité au gel. Le climat de la France métropolitaine ne leur convient pas du tout.

La création d'un gazon

La qualité de la terre végétale et la préparation du sol sont déterminantes pour avoir un beau gazon. Ne ménagez pas vos efforts sur ces deux points.

La qualité de la terre végétale, les améliorations

La pelouse est installée sur la terre végétale qui est, soit en place, soit apportée de l'extérieur. C'est à la fois un support physique, qui permet au tapis de plantes de couvrir le sol, mais aussi un support nourricier qui permet d'alimenter les graminées. De ses qualités dépend en grande partie la réussite du gazon. Il est possible à la création de corriger, si besoin, ses défauts.

Composition de la terre végétale : les constituants physiques

Les particules élémentaires du sol sont, des plus grosses aux plus petites : les cailloux, les graviers, le sable, le limon et l'argile.
Elles entrent en proportions variables dans la composition des sols. Les cailloux, au moins les plus gros, doivent être éliminés car ils sont une cause de perturbations. D'autre part, ce sont des « assassins » pour les lames des tondeuses.
Une terre très sableuse est très perméable, ce qui est bien, mais, en été, l'arrosage devra être plus conséquent. Il faudra, si possible l'amender pour augmenter sa capacité à retenir l'eau et les éléments fertilisants (voir page 16).
Une terre argileuse garde l'eau longtemps, ce qui est également bien, mais jusqu'à un certain point. À l'excès le gazon risque d'être asphyxié : il faudra augmenter la perméabilité (voir page 16).

Les éléments organiques : débris végétaux se décomposant dans le sol (humus). C'est ce qui donne à la terre sa coloration brune à noire et ce qui permet de la qualifier de « végétale ».
Une terre riche en humus est favorable aux graminées.

Quelques tests simples pour juger une terre

Prendre une motte de terre légèrement humide dans les mains et essayer de l'émietter entre les doigts.

1. Si la motte s'émiette très facilement, c'est le signe d'une terre plutôt sableuse (on sent par ailleurs les petits grains de sable sous les doigts).
2. Si la motte s'émiette assez facilement, sans coller, on a affaire à une terre plutôt limoneuse c'est-à-dire intermédiaire.
3. Si la motte s'émiette en collant, en se déformant ou est carrément modelable, cela veut dire que la terre est argileuse et plutôt imperméable.

Ci-dessus, une terre sableuse. À droite, une terre argileuse.

Les propriétés chimiques

Le pH ou taux d'acidité du sol : les jardiniers savent bien qu'un sol calcaire c'est-à-dire à pH alcalin (supérieur à 7), est préjudiciable pour les rosiers qui sont atteints de chlorose des feuilles (jaunissement). Pour les gazons, il n'y a pas de chlorose, mais une pelouse se plaît mieux dans un sol neutre ou légèrement acide (pH compris entre 6 et 7).
Les éléments nutritifs (azote, phosphore, potassium, magnésium, oligo-éléments) déterminent la capacité à assurer ou non la croissance du gazon. La correction se fait en mélangeant au sol avant la plantation, ce qu'on appelle un engrais de fond, c'est-à-dire un engrais complet qui contient tous les éléments. Cet apport de fond peut aussi être fait en incorporant à la terre un fumier composté (bien décomposé), qui aura le mérite d'apporter en plus de l'humus, favorable à la structure du sol.

CONSEIL

L'analyse de la terre végétale

Il existe des kits d'analyse qui donnent, après quelques manipulations simples et par comparaison de couleurs par rapport à des fiches, les éléments chimiques de base. Pour les amateurs passionnés qui veulent des résultats plus complets et des conseils adaptés à leur cas précis, l'analyse de terre peut être effectuée par un laboratoire spécialisé.

Les améliorations (amendements)

L'apport de sable
Une terre argileuse (lourde, collante) sera allégée par un apport de sable de rivière (grains de 2 à 3 millimètres de diamètre maxi ; vérifiez sur les sacs). Suivant la proportion d'argile, la quantité totale à mélanger, sur une dizaine de centimètres de sol, est comprise entre 5 et 15 litres par mètre carré (soit 8 à 20 kg au m^2).
Le travail doit être exécuté avec une terre pas trop humide afin d'éviter de faire des paquets de terre enrobés de sable.

L'apport de tourbe
On apporte de la tourbe blonde lorsque la terre est trop sableuse et ne retient pas l'eau. La quantité de tourbe blonde qui doit être très bien émiettée, est de 1 à 2 kilogrammes par mètre carré. Il faut cependant savoir que la tourbe provient de milieux humides fragiles et qu'il est préférable, pour préserver ces milieux, de lui substituer des terreaux sans tourbe, aujourd'hui disponibles dans les jardineries, ou bien du compost.

L'apport d'un amendement calcaire
L'acidité excessive (pH en dessous de 6) peut être corrigée par l'apport d'un amendement calcaire (chaux, chaux magnésienne...). La quantité, fonction du taux d'acidité, est comprise entre 100 et 250 grammes au mètre carré. Notez, qu'à l'inverse, il est impossible de remonter à long terme le pH d'un sol calcaire. Il faut vivre avec (ou changer la terre... ce qui est complexe et coûteux).

L'apport d'un amendement organique
L'amendement organique (humus) convient, en général, pour tous les types de sol. En effet, il est très rare d'être en présence d'une terre végétale trop riche. On mélange à la terre du terreau ou du compost sur une dizaine de centimètres de la manière la plus homogène possible.
La quantité peut aller jusqu'à 2 kilogrammes au mètre carré.

EN RÉSUMÉ

DÉFAUT À CORRIGER	CORRECTION (amendement)
Terre trop argileuse	Apport de sable
Terre trop sableuse	Apport de tourbe blonde ou, mieux, terreau sans tourbe ou compost
Terre trop acide	Amendement calcaire
Terre pauvre en humus	Amendement organique (terreau, compost, fumier bien décomposé)

Le drainage

Si votre terrain est très humide et qu'il ne permet pas une bonne évacuation de l'eau de pluie, cela veut dire que le sous-sol est imperméable et qu'il est mal drainé. Il faut trouver une solution à ce problème avant d'installer la pelouse sinon le gazon sera constamment gorgé d'eau ce qui le rendra impraticable. De plus, il est sûr qu'il sera rapidement envahi par la mousse.

Un problème local

La stagnation d'eau est peut-être très localisée : cuvette, point bas du terrain...
Il suffit de creuser à cet endroit un trou (qu'on appelle un puisard) de 60 à 70 centimètres de profondeur.

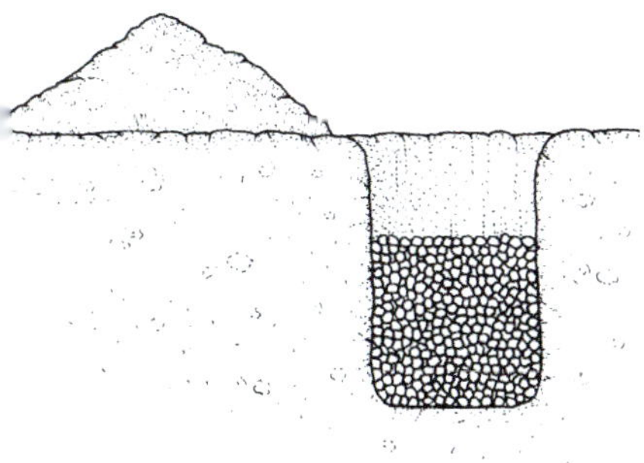

Dans le fond du trou, on place une couche de gravillons sur une épaisseur de 30 cm puis une couche de gros sable sur 10 cm.
On recouvre le puisard avec la terre végétale correctement corrigée avec du sable.

Un problème global

Si c'est sur tout le terrain que l'eau ne s'écoule pas, il faut canaliser l'eau en excès à l'aide de drains perforés posés dans des tranchées. Il est souhaitable de demander à une entreprise d'effectuer ce travail.
En effet, l'installation d'un réseau de drainage doit tenir compte de la forme du terrain, de sa pente et du point d'évacuation de l'eau (égout, fossé, bassin, ruisseau).

L'arrosage automatique

Est-il nécessaire de prévoir un arrosage enterré ? Le gazon a besoin d'eau pour vivre et, à certaines périodes de l'année, surtout si vous voulez conserver une pelouse verte, l'arrosage est indispensable. Par ailleurs, l'expérience prouve qu'un arrosage mieux maîtrisé permet de réaliser des économies d'eau et surtout d'éviter le gaspillage.

Le kit d'arrosage

Il existe des kits d'installation d'arrosage, faciles à mettre en œuvre sur de petites surfaces. Grâce aux systèmes de programmation (heures de début et de fin), il est possible de déclencher l'arrosage tard le soir, la nuit ou tôt le matin. De cette façon, le gazon utilise mieux l'eau apportée et il y a moins de pertes par évaporation. Enfin, en période de vacances, la possibilité existe de poursuivre l'arrosage.

L'arrosage intégré

Une installation complète pour de grandes surfaces en gazon nécessite d'avoir recours à une entreprise spécialisée. Il ne faut pas oublier que le réseau d'arrosage doit être calculé en fonction de la pression et du débit d'eau disponibles, du nombre d'arroseurs et de leur portée. Enfin, l'emplacement des arroseurs doit être judicieusement choisi afin de bien couvrir l'ensemble de la pelouse.

La préparation du sol

Après avoir choisi votre gazon et dessiné le plan du jardin, on prépare le sol. Cette opération a pour objectif de nettoyer le sol, de l'ameublir et de créer un bon « lit de semences » afin d'avoir une bonne germination des graines et une bonne implantation du gazon.

Le dessin de la pelouse

En dessinant le plan du jardin, ayez toujours en tête qu'il faudra tondre le gazon… avec une tondeuse. Pour vous simplifier ce futur travail, prévoyez donc de larges espaces en pelouse et placez les massifs de fleurs ou d'arbustes en périphérie.

Le labour et l'apport des amendements

Plusieurs semaines avant le semis, un labour est effectué, soit à la bêche, soit au motoculteur.

Il faut en profiter pour éliminer le maximum de cailloux, racines et débris divers. On apporte en même temps les amendements prévus (sable, terreau…) et un engrais de fond à la dose préconisée par le fabricant.

Le nivellement

Le nivellement va permettre de raccorder le sol avec les murets, dallages, entrée… Il va aussi homogénéiser la couche superficielle du sol.

On utilise pour cela une griffe (ou un râteau) et, si c'est nécessaire, la pelle pour rapporter de la terre à certains endroits. Il est toujours préférable de travailler par temps sec, avec une terre végétale bien ressuyée c'est-à-dire sans excès d'eau.

Le tassement et le « fignolage »

Pour terminer, le sol doit être légèrement tassé, au pied ou, si c'est possible, avec un rouleau à gazon. La terre est suffisamment tassée quand le pied ne marque presque pas. Le « lit de semences » est presque prêt : il suffit maintenant de passer quelques coups de râteau pour émietter finement la terre végétale. Enfin, le contour de la pelouse est délimité avec le dos du râteau.

CONSEIL

L'épaisseur de terre

L'épaisseur minimale de la couche de terre végétale est de 15 centimètres, l'optimum se situant à 20 cm.

À SAVOIR

Qu'est-ce-qu'un engrais de fond ?

C'est un engrais complet riche en phosphore (P) et en potasse (K). Il va servir à faciliter l'enracinement et fortifier le jeune gazon.

L'engazonnement : le semis

Quand la terre végétale est fine, bien nivelée, sans caillou et ferme sous le pied, vous pouvez semer votre gazon

Les périodes de semis

Pour semer un gazon, il faut que le sol soit bien réchauffé et suffisamment humide. En dessous de 10 °C, la levée est irrégulière. Ne semez donc pas trop tôt au printemps (pas avant avril-mai) et pas trop tard en automne.

Le printemps est l'époque favorable. La couverture du sol est rapide... mais des mauvaises herbes risquent également de lever. Une majorité d'entre elles disparaîtra avec les premières tontes.

Le semis d'automne présente de nombreux avantages car la terre est encore chaude et les nuits fraîches et humides. Par ailleurs, les mauvaises herbes sont, à cette saison, beaucoup moins virulentes. Mais, ne semez pas trop tard car des gelées précoces peuvent endommager les jeunes plantules.

La dose de semis

En fonction du mélange de gazon choisi, la dose peut légèrement varier. Il faut compter environ 35 à 40 grammes de semences au mètre carré afin d'éviter tout manque ou toute perte de graines.

Comment s'y prendre pour semer ?

Première opération : avant tout, il faut absolument re-mélanger les graines pour avoir une composition homogène, car une ségrégation dans l'emballage a pu se produire.

« Le geste auguste du semeur »
Afin de répartir les graines le plus régulièrement possible on divise le terrain en bandes régulières de 4 à 5 mètres de large, dans les deux sens.
La quantité totale de graines destinée à la surface de la pelouse est divisée en deux.

On sème « à la volée » la moitié dans le sens de la longueur, puis l'autre moitié dans le sens de la largeur.

Il existe aussi de petits semoirs qui peuvent servir plus tard pour épandre les engrais.

Les soins à apporter au moment du semis

Les graines ne doivent pas être enfouies mais simplement recouvertes par un léger coup de râteau.
Il est inutile d'apporter du terreau pour recouvrir les graines.

Ensuite, il suffit de rouler légèrement (avec un rouleau à gazon) ou, à défaut, de tasser avec une planche fixée à un manche.

Le premier entretien

D'une façon générale, il faut arroser après le semis pour maintenir de l'humidité autour des graines.

Il faut le faire en pluie fine, afin de ne pas créer une croûte de terre asphyxiante en surface.
Il est possible de se passer d'arrosage si la terre est suffisamment humide et le temps pas trop sec (en automne en particulier). Mais si vous commencez à arroser le semis, il faudra répéter l'opération jusqu'à la complète germination des graines. Lorsque le jeune gazon atteint 7 à 8 centimètres de hauteur, roulez-le afin de densifier le « tapis végétal » (tallage).
La première tonte est effectuée lorsque le gazon atteint environ 10 centimètres. La lame de la tondeuse doit être parfaitement affûtée. Cette première tonte doit ramener la hauteur du gazon à 5 ou 6 centimètres. Avec les tontes suivantes, la hauteur définitive sera progressivement obtenue.

À SAVOIR

Ne semez pas trop dru

Ce n'est pas en semant plus dru que votre gazon s'installera plus rapidement car, à la levée, les plantes peuvent se gêner.

ASTUCE

le « filet »

Pour bien délimiter la pelouse, le long des massifs, des allées, autour des arbres... faîtes une petite rigole d'un centimètre de profondeur avec le manche du râteau. On épand des graines (un filet de graines) dans ce petit creux.
Lorsque les graines germent, une bordure plus dense marque bien la limite du gazon.

L'engazonnement : Le placage du gazon précultivé

C'est un gazon « prêt à poser », idéal pour les impatients, quoique plus cher qu'un semis. L'avantage est qu'il produit un effet immédiat. Mais attention, il ne dispense pas d'une préparation du sol soignée si l'on veut qu'il s'enracine durablement et ne disparaisse pas à la première sécheresse.

Le choix du gazon

Les plaques ou rouleaux de gazon sont récoltés c'est-à-dire « déplaqués » à la machine sur une épaisseur de 2 centimètres environ. Le gazon est donc livré déjà adulte et avec ses racines. À la livraison, les plaques doivent être placées à l'ombre et humidifiées si nécessaire. Étant donné la relative fragilité et surtout le peu de durée du gazon au stockage, préparez bien votre chantier de pose et n'hésitez pas à demander de l'aide. La pose est plus facile à deux.

La préparation du sol

Afin de recevoir les plaques de gazon, le sol est préparé comme pour un semis. L'engrais de fond est important car il est destiné à faciliter la reprise des racines. Pour les raccordements avec les allées, tenez compte de l'épaisseur des plaques de gazon.

À quelle époque peut-on poser du gazon précultivé ?

Le gazon peut être plaqué à n'importe quelle période de l'année (sauf en cas de gel). Un impératif : il est nécessaire de pouvoir arroser.

La pose du gazon

Le sol est roulé et légèrement humidifié. Placez les plaques bord à bord, en quinconce.

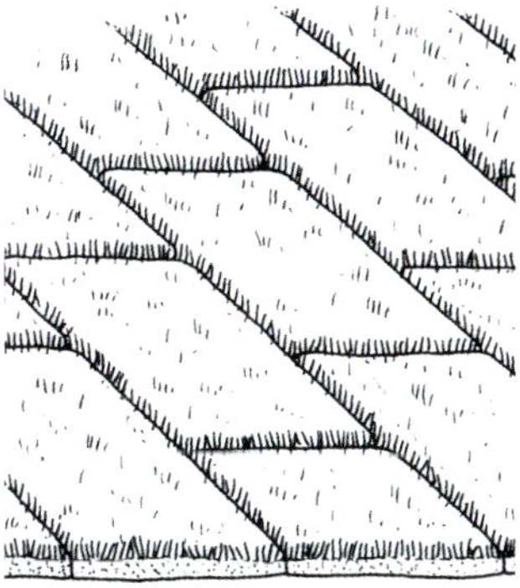

Sitôt après la pose, roulez le gazon ou damez-le avec une planche fixée au bout d'un manche afin d'obtenir un contact étroit entre les plaques et la terre végétale. Les joints peuvent être comblés par un mélange de terre et de sable. À la fin de la pose, arrosez copieusement le gazon.

Les plaques se posent sur un sol préparé comme pour un semis

À SAVOIR

L'erreur à éviter à tout prix

N'épandez pas de terreau ou de tourbe avant de poser les plaques de gazon car cela risque de bloquer les racines dans la couche superficielle du sol.

L'entretien du gazon plaqué après la pose

Au cours des 2 à 3 semaines suivant la pose, il est nécessaire de maintenir une humidité sur 10 à 15 centimètres de profondeur. La première tonte est effectuée entre 10 et 20 jours après la pose, lorsque le gazon a environ doublé de hauteur. Le gazon est accessible au moment de la première tonte. Pour un piétinement plus intensif, attendez 1 à 2 mois en fonction des conditions climatiques.

L'entretien du gazon

Pour avoir un beau gazon, l'entretien est au moins aussi important que les soins mis à le créer.
Les opérations d'entretien courantes sont la tonte et, si l'on veut un gazon vert toute l'année, l'arrosage et les apports d'engrais.
En plus de ces trois opérations de base, d'autres travaux d'entretien occasionnels comme l'aération, le sablage ou la scarification, seront parfois nécessaires.

La tonte

En préambule, il faut que vous sachiez que le gazon qui ne se tond pas n'existe pas. Donc, vous n'y couperez pas ! Tout le monde fait référence au fameux « gazon anglais ». Pourquoi donc ? Bien sûr, l'hygrométrie des îles britanniques est sûrement plus favorable, mais ce qui est sûr, c'est que le citoyen britannique tond son gazon régulièrement, souvent, et avec un matériel performant.

Le principe de la tonte

L'objectif de la tonte est d'obtenir un tapis de gazon dense, homogène et régulier. Il s'agit de couper les feuilles et, au printemps, d'empêcher les graminées de faire des tiges et des épis (comme on le voit avec le blé, par exemple). Ainsi, les plantes sont toujours maintenues au stade « végétatif » c'est-à-dire avec des feuilles vertes.

La fréquence de tonte

Elle est fonction :
- des espèces et variétés composant le gazon,
- de la vitesse de croissance,
- de la hauteur de coupe.

L'intervalle entre chaque tonte est variable suivant la repousse.

Les 3 règles de base :
- Tondre régulièrement, au moins une fois par semaine.
- **La tonte ne doit pas enlever plus du tiers de la hauteur du gazon existant.**
- Ne jamais laisser le gazon « monter à graines » car cela épuise les plantes et réduit la densité du gazon.

Pourquoi ne faut-il pas enlever plus du tiers du gazon à chaque tonte ?

Le gazon, comme toutes les plantes, se sert de ses feuilles pour produire son énergie, grâce à la photosynthèse. Quand on « scalpe » le gazon, d'abord on le rend jaunâtre, mais surtout on freine brutalement ses capacités de régénération et on l'affaiblit. Si on le « scalpe » trop souvent, il finit par s'épuiser, devient plus sensible, s'éclaircit et peut même mourir. Il faut donc toujours lui laisser suffisamment de surface de feuilles pour qu'il se régénère correctement. Il n'y a pas de miracle : pour avoir un beau gazon, il faut qu'il pousse...

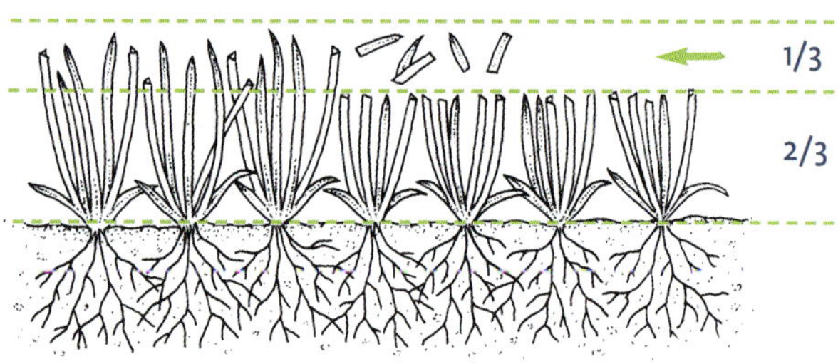

Comment tondre ?

Le mieux est de commencer à un bout et de faire des allers-retours parallèles. C'est là que l'on voit l'intérêt d'avoir évité, en dessinant son jardin, évité au maximum les obstacles (massifs, arbre isolé...). Le mieux est de tondre lorsque l'herbe est sèche (au moins débarrassée de la rosée). La qualité de la tonte et du ramassage est meilleure et les roues marquent moins.

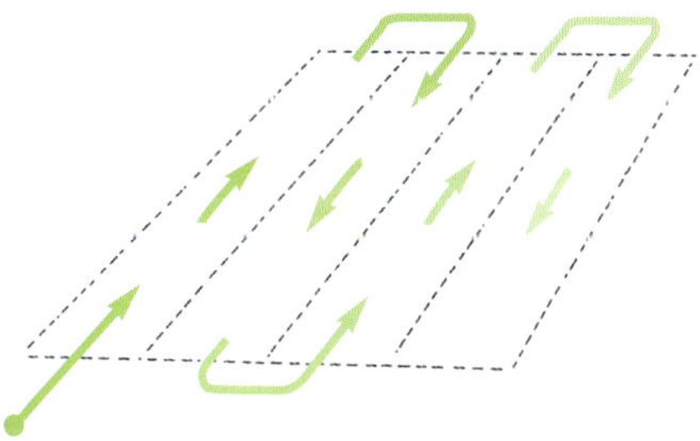

La hauteur de tonte

Pour un gazon « à jouer » ou « facile à vivre », on opte pour une hauteur de 4 à 5 centimètres. Pour un gazon « à regarder », on peut tondre plus court (2 centimètres) mais cela nécessite une fréquence plus importante (tous les 3 jours, en moyenne).

Une tondeuse hélicoïdale donne une meilleure qualité de coupe, mais la tonte est plus astreignante

EN RÉSUMÉ

HAUTEUR DE TONTE

TYPE DE PELOUSE	HAUTEUR DE COUPE	FRÉQUENCE DE TONTE
Pelouse « à jouer » « facile à vivre »	4-5 cm	1 fois par semaine
Gazon « à regarder »	2 cm	tous les 3 jours

Comment faire s'il pleut pendant plusieurs jours ?

Si vous ne pouvez pas tondre pendant quelque temps, il est évident que votre gazon aura atteint une hauteur plus grande que prévue. En reprenant les coupes, surtout ne scalpez pas votre gazon. Vous auriez comme résultat un gazon jaunâtre, peu dense et, avec comme conséquence, la diminution des racines. Il faut donc redescendre la hauteur du gazon progressivement en augmentant la fréquence des tontes.

Tondeuse rotative

La tondeuse

La bonne tondeuse est celle qui correspond le mieux à votre besoin c'est-à-dire à votre surface de pelouse et à la qualité du gazon que vous souhaitez. Un autre point est la facilité d'entretien et la présence d'un service après-vente en cas de panne.

- **Pour une petite surface** où la tonte n'est pas régulièrement effectuée (dans une résidence secondaire, par exemple), il faut une petite largeur de travail mais avec une forte puissance.
- **Par contre**, si la tonte est effectuée très souvent et que la surface est importante, une forte puissance n'est pas nécessaire mais une grande largeur de travail s'impose.

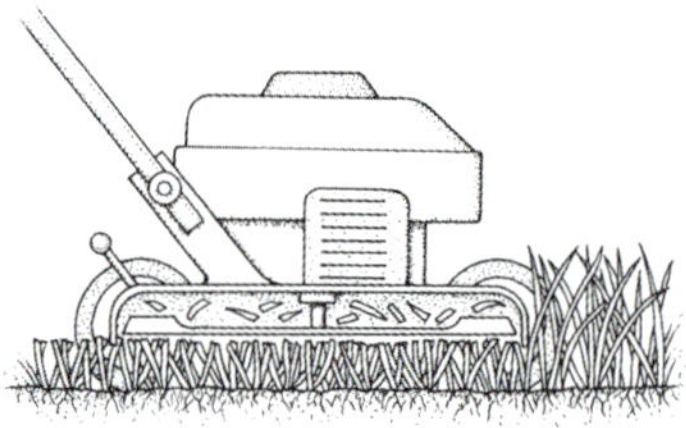

La tondeuse à lame rotative
La coupe est faite par une lame tournant à grande vitesse sous la protection d'un carter.

Avantages
- mécanique simple et coût abordable,
- possibilité de couper un gazon haut,
- entretien simplifié (affûtage de la lame).

Inconvénients
- coupe un peu irrégulière,
- risque d'arrachement du gazon et de projection (cailloux),
- obligation de ramasser les déchets.

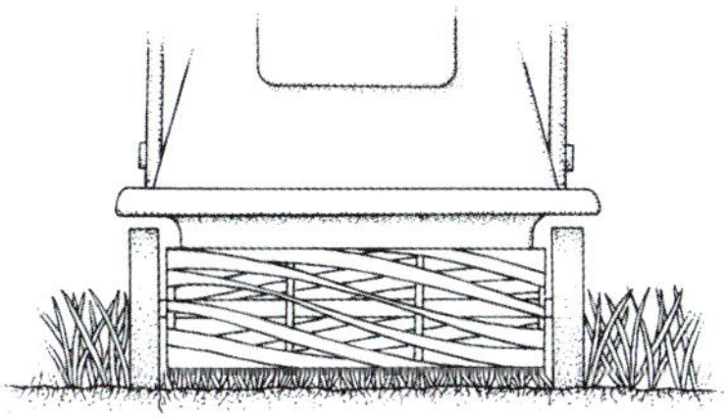

La tondeuse à lames hélicoïdales ou à tambour
Les feuilles du gazon sont coupées entre une lame montée en hélice sur un tambour et une contre-lame fixe. C'est le principe de la paire de ciseaux.

Avantages
- très bonne qualité de coupe,
- amélioration de la densité du gazon,
- réglage précis et tonte courte possible.

Inconvénients
- tonte impossible si le gazon est trop haut,
- entretien plus suivi et coûteux (obligation de passer par un service après-vente).

Entretenir les bordures

1 Une astuce pour faciliter l'entretien des bordures consiste à délimiter le gazon avec une rangée de briques.

2 À défaut, des cisailles à gazon pourront être utiles.

3 Une fois par an, on pourra rafraîchir la bordure avec un « dresse-bordure » ou une bêche.

LA RÈGLE D'OR

Affûtez correctement et régulièrement la lame de votre tondeuse rotative

Pour une tondeuse à lames hélicoïdales, demandez à votre service après-vente.
Les feuilles coupées de façon nette et franche cicatrisent rapidement. Si le bout des feuilles est déchiqueté, le gazon aura un aspect jaune et les blessures sont autant de portes d'entrée aux maladies.

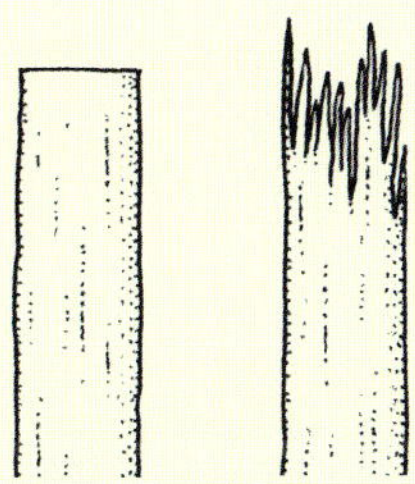

Faut-il ramasser les déchets de tonte ?

Pour avoir un beau gazon, il est préférable de ramasser les déchets de tonte. Si les morceaux de feuilles coupées sont laissés sur la pelouse, une certaine humidité va stagner au niveau du gazon et favoriser le développement des maladies. De plus, les feuilles de gazon se décomposant très mal, on a une accumulation de déchets en surface de la pelouse. Cela s'appelle le « feutre ». Il donne une certaine souplesse mais devient nuisible quand son épaisseur est excessive.

Avec une tondeuse à lame rotative, le ramassage des déchets s'impose. En effet, ils forment des paquets d'herbe qui, par leur fermentation, peuvent occasionner des brûlures au gazon et déclencher l'apparition de maladies. Sur une petite surface, le ramassage manuel est toujours possible en ratissant (au râteau à feuilles) les déchets éparpillés. Mais, beaucoup de tondeuses sont équipées de bac ou panier à « herbe » qui permettent d'effectuer l'opération au fur et à mesure de la tonte.

Pour avoir un beau gazon, ramassez les déchets de tonte

Avec une tondeuse à lames hélicoïdales, la fréquence de coupe étant plus importante, les morceaux de feuilles coupées sont plus petits en dimension (2 à 3 cm) et ils ne sont pas regroupés en paquets. Ils se décomposent mieux et il est possible de ne pas ramasser les déchets ou de le faire qu'une fois sur deux. Cependant, il est toujours conseillé de le faire et de les évacuer en période d'été car ils sont moins facilement décomposables (plus riches en lignine).

À SAVOIR

Estimation des quantités de déchets de tonte

pour un gazon tondu normalement et régulièrement, on compte un litre et demi de déchets de tonte frais par mètre carré de pelouse. Mais cela peut varier énormément.

Que faire des déchets de tonte ?

Les déchets de tonte peuvent être évacués avec les déchets verts (tri sélectif, déchetterie...). Dans ce cas, ils sont valorisés grâce au mélange avec des morceaux de branchages déchiquetés et au traitement effectué (compostage).

Sinon, ne comptez pas faire vous-même du compost avec le contenu des bacs de votre tondeuse. En effet, les déchets de gazon frais ont tendance à se compacter et à fermenter. Le résultat est plus proche d'une très mauvaise choucroute que d'un bon terreau. Par contre, il est possible de les intégrer au tas de compost une fois sec et à condition de bien les mélanger aux autres constituants.

ASTUCE

Les tondeuses « mulching »

Il existe des tondeuses dites « mulching » ou « recycler ». Ce sont des machines à lame rotative qui n'éjectent pas les déchets mais les coupent en fines particules. Le procédé permet de supprimer le ramassage mais oblige à tondre plus fréquemment pour être efficace.

L'arrosage

Si vous voulez conserver votre pelouse verte durant la période estivale, s'il ne pleut pas, vous devez arroser. Mais à l'inverse des plantes vertes de votre intérieur que vous ne pouvez pas laisser trop longtemps sans eau, le gazon a une certaine faculté de résistance au manque d'eau. En l'absence d'arrosage, le gazon se flétrit, jaunit et devient même « paillasson » mais, aux premières pluies, il reverdit très vite.

Quand arroser ?

L'arrosage peut débuter en mars et se terminer en octobre, avec une période plus cruciale, en été.
Il est toujours préférable d'arroser en dehors des heures chaudes de la journée, le matin ou le soir (l'évaporation est plus réduite).
Rationnellement, pour la plante, le meilleur arrosage est celui du matin.

La pratique de l'arrosage

La quantité d'eau apportée doit être suffisante pour humidifier, sans excès, la terre végétale sur une dizaine de centimètres. Il est possible de le vérifier en effectuant, un quart d'heure après avoir arrosé, un trou avec une bêche.
En général, pour une terre normale, on compte entre 4 à 5 litres par mètre carré.

Il faut absolument éviter les arrosages légers et fréquents qui favorisent un enracinement superficiel rendant le gazon plus fragile et plus sensible au piétinement et l'arrachement. Arrosez donc peu souvent mais beaucoup à chaque fois. En pratique, en plein été, il est utile d'arroser tous les trois à quatre jours c'est-à-dire entre deux et trois fois par semaine (sauf s'il pleut, cela va de soi).

ASTUCE

Arroser en profondeur

Il vaut mieux arroser moins souvent, mais copieusement, en profondeur, que plus souvent et superficiellement. Cela vaut la peine, au moins une fois, de prélever un échantillon de pelouse après arrosage pour voir jusqu'à quelle profondeur pénètre l'eau : 10 à 12 cm est une profondeur optimale.

Arroseur oscillant

Le matériel d'arrosage

L'eau apportée doit être répartie en pluie. Le type de matériel est très divers depuis les arroseurs canons enterrés (arrosage automatique), les arroseurs rotatifs ou oscillants que l'on déplace. Pour les petites surfaces, il est possible d'utiliser des tuyaux perforés.
Notez bien qu'un système d'arrosage automatique, en plus de la facilité d'emploi avec un programmateur, permet bien souvent des économies d'eau (répartition plus homogène, quantités mieux contrôlées).

Un gazon qui manque d'eau devient plus résistant

Faire souffrir son gazon un certain temps (par exemple, pendant un mois) au niveau des apports d'eau peut être un bienfait. En effet, dans ce cas les racines vont chercher, en profondeur, les zones un peu plus humides. Ainsi, à l'automne et à l'hiver suivants, le gazon sera plus vigoureux et résistant grâce à son enracinement plus puissant.

Les apports d'engrais ou la fertilisation

On vous a sûrement dit que lorsque l'on apporte de l'engrais, le gazon pousse trop. Alors, vous négligez cet aspect de l'entretien. Et pourtant, c'est un des éléments les plus importants pour obtenir une pelouse bien verte, dense et résistante.

Qu'est-ce qu'un engrais ?

L'engrais apporte les éléments nutritifs. Le gazon a besoin d'azote, de phosphore, de potassium, d'éléments secondaires (magnésium, soufre, calcium) et d'oligo-éléments.

- **L'azote** (exprimé par la lettre N sur les emballages d'engrais) est l'élément responsable de la croissance et de la couleur verte du gazon. Il peut être sous des formes rapidement assimilables (nitrique, ammoniacal, uréique) ou sous des formes à assimilation progressive (azote à action lente, enrobé).
- **Le phosphore** (exprimé par la lettre P) favorise le développement des racines.
- **Le potassium** (exprimé par la lettre K) est le « fortifiant » du gazon.

La composition d'un engrais se caractérise par trois chiffres qui indiquent le pourcentage de chacun de ces 3 éléments principaux : azote (N), phosphore (P) et potassium (K).

Pour un gazon bien vert...

Pour avoir un gazon bien vert, les apports d'engrais, en particulier d'azote, sont indispensables.
Mais attention, les engrais à action rapide (ammonitrate) provoquent un excès de pousse et risquent d'être lessivés avec l'eau d'arrosage. Sur un gazon, il faut utiliser des engrais «longue durée» à libération lente qui évitent les à-coups de croissance, durent plus longtemps et limitent le risque de lessivage. Il faut cependant veiller à bien respecter les doses d'emploi préconisées. Le « plus » est l'ennemi du « bien ».

Le choix de l'engrais

Pour choisir un engrais gazon deux choses sont à considérer : sa composition d'abord, en particulier sa richesse en azote ou en potassium ; son mode d'action d'autre part, rapide ou lent.

La formule de l'engrais

- Pour un gazon beau à voir avec des racines vigoureuses, l'engrais adapté est de formule NPK 20.5.8. ou proche (riche en azote). Il nécessitera plus de tontes, mais c'est le prix à payer pour avoir un gazon dense et bien vert.
- Pour une pelouse très piétinée (plus de résistance), il faut une formule riche en potasse : NPK 10.5.20. ou proche
- Pour limiter les tontes, on apportera un engrais contenant moins d'azote : NPK 10.5.20 ou 10.5.10.

Le mode d'action de l'engrais

- Les engrais à action rapide

(ammonitrate, par exemple), adaptés à des cultures comme le blé ou le maïs, ne sont pas adaptés aux gazons : ils donnent des à-coups de croissance et leur effet est court.

- Les engrais à action lente ou « longue durée » sont particulièrement recommandés pour les gazons. Ils se libèrent en trois à quatre mois, sans à-coups.

Pour avoir un gazon bien vert, les apports d'engrais sont indispensables.

Comment fertiliser, en pratique ?

Pour avoir un beau gazon, 2 à 3 apports par an d'engrais à action lente sont recommandés :

Au printemps (mars à mai) : Le gazon va recoloniser les espaces dégarnis et se densifier.

En automne – hiver (septembre à décembre) : le gazon passe mieux l'hiver et sera plus beau au printemps.

Entre juin et août, sur les pelouses piétinées, un troisième apport permet au gazon de passer l'été correctement. Mais, ne le faîtes que si la pelouse est arrosée… et si vous ne partez pas en vacances. Épandez l'engrais à la main en faisant retomber les granulés en pluie ou utilisez un petit épandeur.

Une bonne précaution : divisez votre dose en deux et opérez en épandant la moitié dans le sens de la longueur et l'autre moitié, dans le sens de la largeur.

CONSEIL

À proscrire

Les engrais organiques contenant du fumier ou des composts ne sont pas adaptés pour fertiliser les gazons : outre le maintien d'une couche humide en surface qui recouvre en partie les feuilles et favorise les maladies, ils provoquent le développement du « feutre » (voir page 38)

L'aération et le sablage

À chaque fois que l'on piétine un gazon et à chaque passage de la tondeuse, le sol a tendance à se compacter. Cela devient plus crucial lorsque les conditions climatiques sont défavorables. Cette compaction du sol, imperceptible, provoque une diminution de la porosité (pénétration de l'air) et de la perméabilité (infiltration de l'eau). Il faut alors aérer puis sabler.

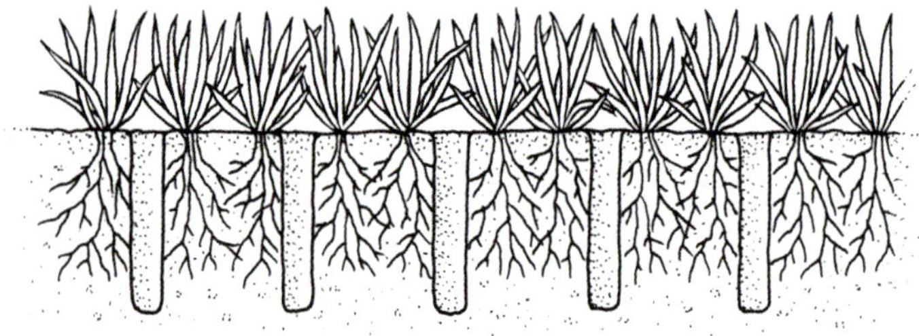

L'aération

Cette opération consiste à faire, dans la pelouse, de petits trous à intervalles réguliers. Elle permet de décompacter le sol et de favoriser l'oxygénation des racines et la pénétration de l'eau. Pour bien faire, il faudrait aérer votre gazon deux

Aérateur manuel (il existe aussi des aérateurs électriques)

À défaut, fourche-bêche

fois dans l'année : au mois de mai et courant septembre.
- **L'aérateur mécanique** n'est pas utilisé fréquemment, car le matériel non professionnel est peu répandu. Il est toutefois possible d'en trouver en location.
- **Le rouleau à pointes ou les patins aérateurs** à placer sous les chaussures permettent de créer des perforations mais de façon très irrégulière.
- **La fourche-bêche** : à défaut d'appareil, et si la surface n'est pas trop importante, il est possible de faire une aération à l'aide d'une fourche bêche que l'on enfonce dans le sol, puis on donne un léger mouvement en tirant le manche vers l'arrière.

CONSEIL

Quel sable utiliser ?

Le sable doit être propre, avec des grains ronds (sable de rivière).
On définit un matériau par la grosseur des grains : dans ce cas, les plus gros ne doivent pas excéder **3 millimètres**. Si c'est possible, choisir un sable non calcaire (siliceux).
Dans tous les cas, il faut proscrire le sable de mer (à cause du sel).

Après avoir épandu le sable, il faut le faire pénétrer dans les trous.

Le sablage

Après l'aération, il faut épandre du sable à raison de deux à trois litres au mètre carré. En balayant à l'aide d'un balai-brosse en nylon, le sable va pénétrer dans les trous et créer ainsi de petits puisards où les racines vont se développer plus facilement.

Scarification, terreautage, roulage

Ces opérations d'entretien ne sont qu'occasionnelles mais sont néanmoins parfois très utiles.

La scarification

Les parties mortes du gazon, les déchets non ramassés… et le gazon lui-même en fonction des espèces de graminée, créent une couche de matière organique superficielle qui s'accumule : le « feutre ». Ce « feutrage » doit normalement se décomposer progressivement.

Parfois cependant, les conditions font que l'accumulation devient excessive. Les racines du gazon restent cantonnées en surface ce qui fragilise la pelouse.
Le remède consiste alors à « scarifier » la pelouse, c'est-à-dire à extirper le feutrage par le passage de lames placées verticalement et de l'évacuer. Ce travail

Couche de feutre excessive

mécanique est aussi appelé par les professionnels « verticutage » ce qui veut dire « coupe verticale ».
Il existe des machines autonomes (scarificateurs, « verticuters » appelés parfois « émousseurs ») qui réalisent un travail très efficace.
Si la surface n'est pas trop grande et si vous vous sentez capable physiquement, le râteau scarificateur permet d'effectuer cette aération très superficielle. À noter que des râteaux montés sur roues permettent une réduction des efforts.
Le passage du scarificateur s'effectue une fois par an, lorsque le gazon est en pleine croissance (de mai à septembre) en évitant les périodes de forte chaleur.

Le scarifiacateur à moteur s'impose sur de grandes surfaces

Un scarificateur à main est utilisable pour de petites surfaces

Le terreautage

C'est une pratique courante, recommandée par beaucoup de jardiniers. Elle consiste à épandre sur la pelouse une mince couche uniforme de terreau (environ un centimètre d'épaisseur) puis de balayer ou ratisser pour le faire pénétrer. Cette opération, effectuée au printemps, a pour objectif d'activer la régénération du gazon après l'hiver et de stimuler les racines. Pour les spécialistes du gazon, **cette technique est à proscrire** (sauf pour les semis de regarnissage - voir encadré) car le résultat que l'on risque d'obtenir est à l'inverse de celui qui est voulu. En effet, cette couche de terreau, étant par nature insoluble, reste à la surface du sol. Elle crée un milieu superficiel riche en éléments nutritifs et qui retient l'eau. C'est ainsi que les racines, trouvant là tout ce qu'il leur faut, ne vont pas chercher à descendre en profondeur. Le gazon devient plus fragile, sensible à l'arrachement, aux maladies et à toutes les conditions de stress.

CONSEIL

Le terreautage utile

Si votre gazon est, par endroits, un peu dégarni, pas très dense, vous pouvez apporter des graines de gazon avec un mélange moitié terreau et moitié sable. Ce terreautage va permettre de conserver de l'humidité autour des semences et d'activer leur germination.

Le roulage

Si vous êtes en possession d'un rouleau à gazon, vous pouvez le passer sur la pelouse au printemps, surtout si l'hiver a été rigoureux. Le roulage permet de bien remettre en contact les racines et la terre. Cela favorise la densification du gazon. Le passage du rouleau est effectué sur un sol pas trop humide sinon il y a un très grand risque de compacter la terre, de la rendre moins perméable et, ainsi, d'asphyxier les racines.

Un green de golf chez soi : est-ce possible ?

Vous voulez un gazon très fin, très beau... une véritable moquette en gazon. C'est la technique du green de golf qu'il faut alors adopter. C'est possible à condition, d'y mettre les moyens. Mais, par-dessus tout, ce type de gazon demande un entretien très spécialisé et extrêmement astreignant.

Un green se tond à 5-6 mm

La création

Le sol

Plus votre sol sera sableux, meilleur sera le comportement de ce gazon.
Le substrat est donc constitué par un mélange de terre végétale et de sable en forte proportion. Ce mélange est placé sur un sous-sol perméable ou drainé.

L'arrosage automatique

Le sol étant très perméable, il est impératif, pour maintenir un tel gazon, d'avoir une installation d'arrosage intégré.

Le gazon

Pour avoir un gazon dense pouvant être tondu court et fréquemment, le choix n'est possible qu'entre deux solutions :

- **l'agrostide stolonifère**, très agressive, résistante à l'envahissement et donnant un tapis végétal homogène et très esthétique.
- **L'association fétuques rouges (90 %) – agrostide commune (10 %)** plus rustique, mais d'un aspect un peu moins qualitatif.

Ces gazons résistent mal au piétinement.
Les graines étant extrêmement petites, les doses de semis sont très faibles : 4 g/m^2 pour l'agrostide stolonifère et 10 g/m^2 pour l'association. Afin de faciliter le semis, l'astuce est de mélanger les semences à un matériau inerte (sable fin sec ou sciure).

L'entretien courant

- **La tonte** doit être effectuée avec une tondeuse à lames hélicoïdales dont les éléments sont bien réglés et bien affûtés. Ce type de

Tondeuse pour green

Un arrosage automatique est indispensable pour obtenir la qualité d'un green

gazon est tondu au moins trois fois par semaine, à une hauteur de 5 à 6 mm en évacuant les déchets.

- **L'arrosage** ne peut être conduit rationnellement qu'avec une programmation (ce qui permet, en outre, l'arrosage de nuit).
- **La fertilisation** demande beaucoup d'attention car ce gazon est très « gourmand ». On apporte de l'engrais à action lente (« longue durée »), à petite dose, 6 à 7 fois dans l'année.
- **L'aération**, suivi d'un sablage, est effectuée deux fois par an, afin de compenser le compactage dû aux passages répétés de la tondeuse.
- **La scarification** est obligatoire sur ce type de gazon.

Les problèmes majeurs

Le principal problème est l'apparition des **maladies**. Elles sont fréquentes et très souvent graves. Il est impératif d'effectuer, dès l'apparition des premiers symptômes, un traitement fongicide pour éradiquer la maladie.
Parmi les **insectes nuisibles**, les larves de tipules et les noctuelles peuvent occasionner des dégâts.

Les mauvaises herbes posent, en général, peu de problème. Une exception : la sagine, petite plante à port couché, qui ressemble à une mousse, envahit facilement ces gazons fins et denses.
Si ce panorama un peu « apocalyptique » ne vous rebute pas, alors, allez-y. C'est que vous êtes un passionné. Et puis, n'oubliez pas ce proverbe anglais qui dit : « Un greenkeeper* va tout de suite au Paradis car sa part de l'Enfer, il l'a eue sur terre ».

* responsable de l'entretien d'un golf

Les problèmes et leurs solutions

Que faire si le gazon est envahi par la mousse ou les mauvaises herbes ? S'il subit une attaque de maladie ? Que faire pendant les vacances, en période de sécheresse ou en zone de restriction d'eau ? Comment rattraper une pelouse ou la rénover complètement ? À chaque question, une réponse.

Le nettoyage, les feuilles mortes…

Une pelouse se salit, plus ou moins selon la saison, avec des déchets de feuilles et de tiges, mais le plus souvent avec des débris végétaux provenant des massifs de fleurs ou d'arbustes et des arbres. Cela peut gêner son développement et donne à la pelouse un aspect négligé. Mais c'est surtout à l'automne et en début d'hiver que les feuilles mortes des arbres risquent de poser des problèmes au gazon.

Le nettoyage

Les déchets qui restent sur le gazon et les feuilles mortes sont ramassés soit à l'aide d'un râteau à feuilles, soit à l'aide d'un balai. Il existe même, pour de grandes surfaces, des balais ramasseurs mécaniques qui sont poussés à la main ou tractés derrière une tondeuse motorisée. Le nettoyage de la pelouse se fait en fonction des besoins. Par contre, à la chute des feuilles, le ramassage doit être systématique une à deux fois par semaine au cours des mois d'octobre et de novembre.

CONSEIL

Pourquoi les feuilles mortes sont néfastes pour le gazon ?

Les feuilles mortes, en restant sur la pelouse, risque de la faire jaunir par manque de lumière. Par ailleurs, elles sont un piège pour l'humidité créant ainsi un milieu particulièrement favorable au développement de la mousse et des maladies.

Les mauvaises herbes

Les mauvaises herbes sont normalement des plantes que vous jugez indésirables dans votre pelouse parce qu'elles en altèrent l'aspect et l'envahissent.
La lutte contre les mauvaises herbes peut être préventive pour limiter les invasions ou curative (désherbage sélectif) pour éliminer les mauvaises herbes présentes.

Les principales mauvaises herbes

LE PISSENLIT

C'est une plante vivace qui se multiplie par fragmentation de la racine mais se sème aussi très facilement (si on le laisse « grainer ») en se disséminant par le vent. Sa fleur jaune est caractéristique et apparaît d'avril à septembre.
Le pissenlit aime les sols riches.
Si l'on veut s'en débarrasser, il faut le faire avant qu'il fleurisse et surtout ne pas le laisser faire ses graines.

LE TRÈFLE BLANC

Cette plante vivace est très agressive car elle se propage par ses tiges rampantes qui s'enracinent au fur et à mesure.
Elle produit de petites fleurs blanches, en bouquets, entre les mois de mai et septembre. Le trèfle blanc se plaît surtout dans les sols argileux. Par temps humide, il rend le gazon glissant.

LA PÂQUERETTE

Bien connue de tous, cette petite plante vivace à rosette, à fleurs blanches, est très fréquente dans les sols assez argileux et plutôt humides. Elle fleurit pratiquement toute l'année (mars à novembre) mais est plus fréquente au moment de Pâques d'où son nom. Son élimination peut demander de la persévérance.

LES CHARDONS

Il existe plusieurs espèces mais la plus courante est le chardon des champs (ou cirse des champs). Cette plante vivace, aux feuilles piquantes, se propage très facilement par le moindre éclat de sa grosse racine et par ses rhizomes mais aussi par ses graines (si on la laisse « grainer »). Elle fleurit de juillet à octobre : les fleurs sont rose violacé. Elle se plaît dans tous les types de sol.

LA RENONCULE RAMPANTE

Plus connue sous le nom de « bouton-d'or », cette plante vivace pousse dans les sols argileux humides.
Elle se propage facilement par ses stolons (tiges rampantes sur le sol) et peut très rapidement envahir une pelouse.

LE MOURON DES OISEAUX

Cette plante annuelle, à petites feuilles ovales, se développe plutôt dans les sols humides en surface (cas des pelouses arrosées superficiellement). Couchée au ras du sol, elle se propage par les tiges qui s'enracinent progressivement.
Elle produit de petites fleurs blanches pratiquement toute l'année.

La prévention

Un gazon bien entretenu se laisse moins facilement envahir par des mauvaises herbes.
Donc, les recommandations sont :

- nourrissez bien votre gazon avec engrais équilibré,
- soignez l'arrosage,
- tondez le plus régulièrement possible.

La lutte contre les mauvaises herbes

Si vous envisagez de désherber votre pelouse, sachez que vous ne pourrez éliminer facilement que les dicotylédones, c'est-à-dire les mauvaises herbes autres que les graminées (monocotylédones).

Le chiendent, par exemple, qui est aussi une graminée, ne pourra pas être désherbé sélectivement (voir plus bas).

Le matériel :
Vous avez un pulvérisateur, avec une buse adaptée au désherbage (buse à jet plat). Choisissez alors un désherbant sélectif à appliquer en pulvérisation.
La solution de l'arrosoir muni d'une rampe à petits trous n'est pas conseillée.
Si vous n'avez pas de matériel, vous pouvez utiliser un désherbant ou un engrais désherbant sous forme de granulés, en arrosant après épandage.

L'époque :
En général, il est souhaitable de traiter au printemps.
Mais, à l'automne, certaines plantes à rosette sont particulièrement sensibles : la pâquerette, le pissenlit.

Le désherbant :
Vous devez acheter un désherbant sélectif du gazon, qui détruit les dicotylédones (mauvaises herbes) mais conserve les graminées (le gazon). Lisez bien l'étiquette et respectez les doses d'emploi et les précautions recommandées par le fabricant.

Le traitement :
S'il y a un risque de pluie dans les heures qui suivent ou s'il y a du vent, abstenez-vous de tout traitement en pulvérisation.
Pour avoir une bonne efficacité, la température doit être supérieure à 10 ou 12 °C, mais s'il fait trop chaud (plus de 25 °C), ne traitez pas.

Le cas du chiendent

Le chiendent est une graminée vivace bien connue qui comprend deux espèces : le chiendent rampant et le chiendent pied-de-poule. Ces plantes se multiplient par leurs rhizomes ou par de petits fragments de tiges et deviennent très envahissantes. Elles rendent le gazon inesthétique par leur feuillage grossier et, en hiver, elles sont soit grisâtres soit jaunâtres. Du fait que ce soit des graminées comme le gazon, leur destruction, tout en conservant le reste de la pelouse, est impossible.
La seule solution est de tout reprendre c'est-à-dire :
- désherber l'ensemble avec un désherbant capable de détruire le chiendent jusqu'aux racines mais ne laissant aucun résidu dans le sol. On appelle ce type de produit un désherbant systémique à action foliaire, sans persistance d'action.
- attendre entre 15 jours et 3 semaines que le produit agisse en profondeur.
- nettoyer le sol et effectuer un nouveau semis.

La mousse

L'apparition de la mousse est le plus souvent le signe d'un sol trop humide comme dans le cas d'une pelouse située à l'ombre ou si le sol est argileux, compacté et qu'il conserve l'eau pendant longtemps. Elle peut aussi se développer si la terre végétale est trop acide ou si le gazon est assez mal entretenu et peu fertilisé. Les graminées du gazon sont progressivement envahies puis étouffées. Les mousses se développent, principalement en hiver.

La lutte préventive

La suppression des causes d'apparition de la mousse est la méthode la plus adaptée et la plus durable. Cette lutte préventive est toutefois rarement pratiquée parce qu'elle est assez complexe. Il faut examiner en détail les causes possibles et faire les travaux nécessaires :
- drainer le terrain,
- aérer le sol et apporter du sable,
- corriger le pH (après une analyse de terre),
- éliminer l'ombre, si c'est possible : élagage des arbres...
- défeutrer le gazon.

La destruction de la mousse

Pour éliminer la mousse, il faut d'abord la détruire en apportant un produit anti-mousse ou un engrais associé à un produit anti-mousse, en respectant les doses préconisées par le fabricant. Lorsque le produit a bien agi, la mousse devient brune à noirâtre. Il est alors impératif de l'éliminer par ratissage ou scarification. Ensuite, le mieux est de regarnir les emplacements laissés vides avec des graines mélangées à du terreau et du sable.

ATTENTION

Taches de rouille

Vérifiez bien la composition du produit que vous utilisez et lisez l'étiquette. En effet, les produits contenant du sulfate de fer provoquent des taches de rouille indélébiles sur les dallages, murets et tous les matériaux en pierre ou en ciment.
Il existe d'autres produits anti-mousse, sans sulfate de fer, qui ne présentent pas cet inconvénient.

Les maladies

Si votre gazon présente des taches jaunes à brunâtres, roses ou blanches, de formes plus ou moins régulières, il est possible qu'il soit l'objet d'une attaque de champignons provoquant une maladie. Ces champignons peuvent, dans certains cas, occasionner des dégâts d'une importance telle que le gazon risque de disparaître complètement. Ces maladies sont toutefois rares sur les gazons d'agrément et d'ornement. En général, elles apparaissent sur une pelouse affaiblie, en conditions humides.

Les causes

Les maladies sont favorisées par :

- un excès d'humidité de l'air, en particulier pendant les périodes de brouillard, en cas de rosée et, en été, lorsque l'arrosage est trop important,
- la présence de neige sur la pelouse pendant plusieurs jours,
- les tontes mal faites c'est-à-dire avec des lames qui n'ont pas été affûtées et qui déchiquettent les feuilles,
- une « nourriture » du gazon (apports d'engrais) déficiente ou mal équilibrée.

Par ailleurs, il est toujours conseillé de bien nettoyer les outils et la tondeuse car les déchets en décomposition sont un milieu favorable pour les champignons responsables des maladies.

La lutte contre les maladies

Les maladies peu graves c'est-à-dire fil rouge, rouille, oïdium et helminthosporiose, peuvent facilement être acceptées. Un bon apport d'engrais permet de « retaper » le gazon.

Les maladies graves (fusariose, pourriture à *Pythium*) demandent à être enrayées par un traitement fongicide.

Ce qui peut être confondu avec une maladie

Toute tache jaune sur le gazon n'est pas forcément une maladie. Si elle est très localisée, il peut s'agir de l'urine d'un animal, d'une brûlure due à une poignée d'engrais ou d'une fuite de la tondeuse.
Des taches plus diffuses sont peut-être le signe de sécheresse, de manque d'engrais...

Les maladies

LE FIL ROUGE

Maladie la plus facile à reconnaître : de petits filaments roses à rouges apparaissent sur les feuilles par taches ou de façon diffuse. Si la maladie est importante, la pelouse peut prendre un aspect rosé.
On la trouve sur tout type de gazon, en toute saison sauf en périodes de forte chaleur ou de gel prolongé.

LA ROUILLE

Petites pustules jaunes ou orangées sur la face supérieure des feuilles. En plein développement, le gazon prend une teinte jaune orange. Une poudre de cette même couleur peut se déposer sur les chaussures. Développement en été jusqu'en automne. Elle est plus fréquente sur des gazons comportant du pâturin des prés.

L'OÏDIUM

Maladie bien connue des jardiniers sur les rosiers. Sur les faces supérieures des feuilles apparaissent des taches poudreuses blanchâtres, facilement reconnaissables. Favorisé par un manque de lumière (gazon à l'ombre, période de jours courts, ciel couvert) et par une circulation d'air réduite (gazon dans un patio).

Le cas des ronds de sorcières

Sur la pelouse, on voit apparaître un cercle de gazon vert plus foncé qui s'agrandit au fur et à mesure des années. En fait, il ne s'agit pas d'une vraie maladie. Le responsable est un champignon qui vit dans la terre, à une profondeur de dix centimètres environ. En décomposant l'humus du sol, il libère des éléments nutritifs : de ce fait, le gazon est, à cet endroit, plus vert. Cependant, en période chaude, il arrive que, sur le cercle, le gazon se dessèche. On peut aussi voir apparaître de petits champignons à « chapeaux » (faux mousserons) Il est difficile de s'en débarrasser puisqu'il faudrait éliminer le champignon qui se trouve en profondeur. Les plus courageux ont la solution de changer la terre sur le cercle et de chaque côté en creusant jusqu'à vingt centimètres.

L'HELMINTHOSPORIOSE

Sur les feuilles, des taches ovales, brunes ou de couleur chocolat avec un centre plus clair, apparaissent. Le gazon peut prendre un aspect général jaunâtre.

Cette maladie est fréquente sur des gazons affaiblis. Elle survient surtout au cours de périodes fraîches et humides.

LA POURRITURE À PYTHIUM

Cette maladie apparaît par temps chaud et humide (orageux). Elle provoque des taches qui s'élargissent rapidement et, si les conditions climatiques restent inchangées, se propagent à l'ensemble de la pelouse. Très grave, elle peut entraîner la disparition du gazon.

LA FUSARIOSE

Il s'agit d'une maladie grave qui se développe surtout sur des gazons fins et tondus courts. Elle est fréquente en hiver et au printemps. C'est la maladie qui ravage un gazon recouvert de neige.

La pelouse est parsemée de taches circulaires (10 à 20 cm de diamètre), de couleur blanche à rose pâle, avec une zone verte sur le bord extérieur et, éventuellement, une zone centrale qui reverdit.

Ne pas confondre : les brûlures d'engrais

Les engrais, s'ils sont épandus à trop forte dose, « brûlent » le gazon. Cela peut arriver lorsqu'au moment de l'épandage on double la dose en se recoupant. Ce risque est beaucoup plus faible avec les engrais « longue durée » qu'avec les engrais à action rapide.

RÉSUMÉ

Ce qu'il faut retenir

Les maladies apparaissent sur une pelouse affaiblie, en conditions humides. Seules deux maladies sont vraiment graves et demandent un traitement fongicide : la fusariose et la pourriture à *Pythium*.

Les problèmes posés par les animaux

La pelouse peut être endommagée par des animaux très différents soit au moment du semis, soit après l'installation du gazon. D'autre part, certains animaux, s'ils sont inoffensifs pour le gazon, sont une source de désagrément pour les personnes. Mais le plus grand nuisible pour votre pelouse est, en fonction de sa taille et de sa « patte » plus ou moins verte, votre meilleur compagnon : le chien.

Les ennemis animaux

LES VERS BLANCS

Il s'agit de la larve du hanneton. Sa vie dans le sol présente un cycle de 3 ans. Il devient nuisible dès la 2e année en consommant les racines du gazon. Les dégâts sont particulièrement visibles par temps sec. Souvent, on assiste aussi à une invasion de pâquerettes.

LUTTE : Pour lutter efficacement contre les larves d'insectes, le seul moyen est d'épandre un insecticide spécifique autorisé pour cet usage. Il est difficile d'en trouver.

LES LARVES DE TIPULES

L'adulte est le cousin, sorte de gros moustique inoffensif pour l'homme. Ses larves, longues de trois à quatre centimètres sont grises. Elles se nourrissent de racines et des feuilles les plus basses. Les dégâts sont les plus graves en mars ou avril, surtout dans les endroits humides ou s'il pleut beaucoup. Si l'invasion est faible, ils peuvent passer inaperçus.

LUTTE : Comme pour les larves de hannetons, le seul moyen est d'épandre un insecticide spécifique autorisé pour cet usage, difficile à trouver.

LES NOCTUELLES

Ce sont des papillons appartenant à plusieurs espèces mais les dégâts sont provoqués par leurs chenilles. Les noctuelles se déplacent en groupe à la recherche de nourriture. Les chenilles rongent les feuilles la nuit. Les noctuelles apparaissent surtout dans le sud de la France, de fin mars à mai.

LUTTE : On peut utiliser des appâts empoisonnés (à base de produit issu d'une bactérie). Le traitement peut aussi être effectué avec un insecticide autorisé pour cela.

Les animaux parfois indésirables

LA TAUPE

Ce n'est pas un ennemi du gazon, car ce petit mammifère se nourrit des larves et des insectes du sol ainsi que des vers de terre. Mais, hélas, les taupinières bouleversent la pelouse. Cela nuit à son aspect et est très gênant pour la tonte. Sur un même terrain, le nombre de taupinières n'a aucune relation avec le nombre de taupes.

LUTTE :

Pour se débarrasser des taupes, chaque jardinier a, au fond de sa mémoire, une méthode qui lui a été relatée. Les branches avec des épines ou le barbelé ne sont pas efficaces car, contrairement à une idée reçue, la taupe n'est pas hémophile. Les répulsifs et les différents systèmes de piégeage qu'on trouve dans le commerce peuvent être efficaces dans un petit jardin, à condition de les utiliser correctement. Le recours à un « taupier » enfin, est très efficace, mais ceux-ci se font rares. L'intervention d'un taupier n'est rentable que pour de grands jardins, les petits jardins étant rapidement recolonisés à partir des terrains voisins.

LES PETITS RONGEURS

Plusieurs espèces de petits mammifères peuvent occasionner des dégâts ou simplement être gênants. Les plus fréquents sont les mulots et les campagnols. Ils creusent des galeries et mangent les racines.

LUTTE :

Appâts empoisonnés ou, pour de petites surfaces, la pose de pièges-pince.

Les animaux parfois indésirables

LES VERS DE TERRE

Ce sont des animaux très utiles pour le sol : ils participent à la création de l'humus et aèrent la terre. Mais, s'il y en a trop, les tortillons de terre qu'ils rejettent en surface, peuvent créer des nuisances (terrain glissant ; chaussures et ballons recouverts de boue).

LUTTE :

Il n'y a pas grand chose d'autre à faire que de bien évacuer les déchets de tonte pour réduire à terme leur source d'alimentation. L'aération et le sablage contribuent aussi à réduire leur nombre en diminuant l'humidité du sol.

LES OISEAUX

Ils sont nuisibles soit parce qu'ils viennent manger les graines que vous venez de semer, soit qu'ils labourent le sol à la recherche des larves d'insectes. Les dégâts les plus importants sont occasionnés par les corbeaux ou les corneilles qui, en cas de présence de nombreux vers blancs, peuvent retourner une pelouse.

LUTTE :

Sur de petites surfaces, pour protéger des semis de gazon de la voracité des oiseaux, en dehors des épouvantails dont l'efficacité est douteuse, il y a toujours la possibilité de recouvrir temporairement le sol avec un voile de forçage maraîcher en non tissé.

Les animaux désagréables

L'AOÛTAT

C'est un minuscule acarien rouge orangé qui s'abrite dans la pelouse. Il ne s'attaque pas au gazon mais est un parasite de l'homme. S'il est abondant, il constitue une gêne considérable en été. Sa larve, qui mesure seulement 0,2 mm, pique à la base des poils provoquant une inflammation de la peau.
Les attaques sont fréquentes en juillet, août et jusqu'à début septembre, plutôt dans les zones ombragées et humides du gazon.

LUTTE :

La meilleure méthode est de se protéger avec les vêtements (surtout au niveau des jambes) ou d'employer des répulsifs.
En cas d'invasion très importante, il est possible de traiter la pelouse, aussitôt après une tonte, avec un acaricide ou avec du soufre. Ensuite, il faut attendre impérativement 8 à 10 jours avant d'autoriser une présence sur le gazon.

LES FOURMIS

Il existe plus d'une centaine d'espèces de fourmis dont certaines font leur nid dans les pelouses. Ce ne sont pas des ravageurs mais elles peuvent consommer les graines au moment du semis ou des regarnissages. Par ailleurs, en cas d'invasion, elles peuvent constituer une gêne.

LUTTE :

Généralement aucune. Sur des fourmilières vraiment gênantes, on peut envisager un traitement localisé avec un insecticide ou des appâts spécifiques.

Le cas des animaux domestiques

Si vous laissez votre chien s'ébattre dans le jardin, la conservation de votre pelouse en bon état dépend de la taille et de l'exubérance de votre animal. Bien souvent, le gazon risque de devenir vite dégarni et, à l'extrême, se changer par endroits en champ de bataille, surtout si la surface est petite. D'autre part, l'urine des chiens... et des chats est néfaste pour le gazon. Cela provoque des taches de brûlures. Alors, dans tous les cas, c'est au maître d'éduquer son animal pour avoir la meilleure cohabitation possible entre le chat ou le chien et le gazon.

Le gazon en période de vacances

Voilà, l'été arrive. Vous êtes impatient de partir en vacances… mais vous allez abandonner votre beau gazon que vous avez pourtant amoureusement entretenu. Quoi faire avant de partir ? Quoi faire au retour ?

La préparation du gazon

Surtout, n'apportez pas d'engrais au moins un mois avant votre départ. Il est souhaitable que le gazon pousse le moins possible. Quelques jours avant la date prévue de « l'abandon », effectuez une tonte un peu plus courte que d'habitude, en ramassant soigneusement tous les déchets. C'est tout.

Les travaux au retour

Reprenez les opérations d'entretien, en commençant par la tonte. Si le gazon a beaucoup poussé, surtout ne le rabattez pas trop brutalement c'est-à-dire ne le « scalpez » pas. En augmentant la fréquence des tontes, descendez progressivement la hauteur du gazon jusqu'à obtenir celle que vous pratiquez d'habitude. Rappelez-vous : ne pas couper plus du tiers de la feuille. Apportez un peu d'engrais et arrosez si c'est nécessaire. Votre pelouse devrait normalement bien récupérer et se préparer à affronter l'hiver.

CONSEIL

Arrosage automatique

Arrêtez l'arrosage automatique 3 semaines avant de partir.
Si personne ne vient en votre absence passer la tondeuse, il faut mieux éviter d'arroser car cela provoquerait une forte croissance non contrôlée qui sera difficile à rattraper à votre retour.

La sécheresse et les restrictions d'arrosage

C'est un peu des vacances forcées pour votre pelouse. Les mêmes recommandations sont donc à mettre en œuvre.

Les gazons résistants à la sécheresse

Si dans votre région, la sécheresse est fréquente et si vous êtes sûr de ne pas pouvoir arroser, dès l'installation, pensez à choisir un gazon « sobre » avec des plantes résistantes à la sécheresse (voir page 32)

Comment faire avec un jeune gazon ?

Attention : lorsque vous créez votre pelouse, il faut que vous soyez assuré de disposer de moyens d'arrosage (matériel, eau disponible) pendant au moins les deux à trois mois qui suivent.
Dans le cas contraire, abstenez-vous et patientez jusqu'à une période plus favorable, en début d'automne par exemple (voir p. 22).

Le froid, le gel, la neige

Avec l'arrivée de l'hiver, les tontes sont arrêtées et vous oubliez votre pelouse sous les frimas. Cependant, dans certains cas, il y a quelques précautions à prendre pour avoir un meilleur comportement.

Le froid

Les graminées utilisées dans les gazons en France ou en Belgique sont assez tolérantes aux basses températures et s'adaptent assez bien aux conditions hivernales.
Cependant, le comportement de la pelouse sera bien meilleur si le sol est bien drainé et ne conserve pas trop l'eau. De même, elle se portera mieux si elle a été correctement entretenue toute l'année.
Un petit apport d'engrais en fin d'automne permet de fortifier les racines du gazon. De cette façon, il est plus vigoureux et se comporte mieux.

Le gel

Les plantes résistent assez bien au gel jusqu'à certaines limites qui sont très rarement atteintes dans nos régions.
Quand la pelouse est gelée, il est préférable d'éviter de la piétiner afin de ne pas « briser » les feuilles.
Par contre, il faut interdire toute fréquentation intensive au dégel car cela entraîne des dégâts irréversibles au niveau de la base des plantes.

La neige

Une petite couche de neige à la surface du gazon assure une protection des plantes contre des températures trop froides.
Cependant, sous la neige, l'humidité élevée et la température clémente créent un milieu propice au développement de certaines maladies. En particulier, la fusariose s'étend sournoisement sous la neige et, quand elle fond, on a la surprise de découvrir les symptômes de cette maladie grave pour la survie du gazon.

ASTUCE

Renforcer votre gazon

Dans les régions où la neige est régulière, un apport d'engrais riche en potasse à l'automne permet de renforcer la résistance du gazon.

Le gazon sous les arbres

À l'aide de quelques astuces, vous pouvez espérer avoir un peu de pelouse à l'ombre des arbres.

Le semis d'un gazon en sous-bois doit absolument être effectué tôt au printemps, avant que les feuilles des arbres ne limitent trop la lumière. Par ailleurs, à l'automne, la chute des feuilles est un obstacle à la bonne installation du gazon.

Ne tondez pas trop ras car les plantes sont plus fragiles. Remontez la hauteur de coupe habituelle d'un à deux centimètres.

Apportez de l'engrais avant que les feuilles des arbres ne produisent trop d'ombre donc tôt en fin d'hiver/début de printemps.

En plein été, arrosez bien sous les arbres.
Mais n'oubliez pas que le manque de lumière et l'humidité favorisent l'apparition de la mousse.

Le rattrapage d'une pelouse

Quand une pelouse est en mauvais état, il n'est pas toujours nécessaire de la refaire complètement. Avec quelques travaux de remise en état, vous pourrez obtenir un « nouveau » gazon bien vert et présentant les qualités que vous recherchez. Nous allons examiner, dans l'ordre, les opérations à effectuer.

Râteau scarificateur

Les traitements de propreté

Si la pelouse est envahie de mauvaises herbes et de mousses, il faut commencer par s'en débarrasser avec des produits appropriés (voir pages 45 à 48).

Une tonte courte

L'objectif est de ne pas avoir à repasser la tondeuse pendant au moins deux semaines. La hauteur de tonte est réglée entre 2 et 3 centimètres. La lame doit être bien affûtée. Ensuite, tous les déchets de tonte sont bien ramassés.

La scarification

Tous les déchets accumulés, la vieille mousse et les mauvaises herbes détruites sont éliminés par ce travail. Mieux qu'un râteau scarificateur qui demande du temps et beaucoup d'énergie, l'emploi d'un appareil mécanique (ou électrique) est à préférer. Le niveau des lames doit être réglé un peu au-dessus du sol (environ 5 mm) afin d'éviter de tout arracher. Ensuite, tous les déchets extirpés de la pelouse sont ramassés soigneusement et évacués.

Le nivellement des inégalités du terrain

Tous les petits creux sont comblés par un apport de matériau constitué d'un mélange moitié terre végétale, moitié sable (ou, à la rigueur, terreau et sable). Le nivellement est effectué à l'aide du dos du râteau. Si de petites bosses sont trop apparentes, on les arase le plus possible. La finition du sol se fait par un ratissage général puis un roulage.

Le semis de regarnissage

Pour ce nouveau semis, le choix des graines doit obligatoirement se faire sur une composition « regarnissage » ou « rénovation ». Ce type de mélange de graines est très facile à trouver dans toutes les gammes. Il s'agit, en général, d'une seule espèce (le ray-grass anglais), déclinée en trois ou quatre variétés. La dose à épandre est de 50 à 60 grammes au mètre carré. La méthode est la même que pour un semis de création. Après ce semis, on roule légèrement la pelouse. Ensuite, l'arrosage doit maintenir l'humidité jusqu'à la levée complète des graines.
Au bout de quelques semaines, lorsque le gazon atteint 8 à 10 centimètres, la nouvelle « première tonte » est effectuée. On la fait suivre d'un apport d'engrais pour activer la vigueur du gazon.

Semis de regarnissage

La rénovation totale d'une pelouse

Si vous jugez que votre pelouse est bonne à refaire complètement, n'oubliez pas que vous allez vous engager sur une nouvelle installation d'un gazon, en repartant presque au début. L'exception est que, dans ce cas, la terre végétale est déjà en place.
Par rapport aux travaux de rattrapage de la pelouse, les seules différences sont que vous allez détruire toute la végétation présente sur le terrain avant de commencer et que vous allez pouvoir choisir un nouveau type de gazon.

La destruction de toute la végétation

Pour éliminer toutes les mauvaises herbes et tout le « vieux gazon », on emploie un désherbant non sélectif ou « total » c'est-à-dire qui détruit toute plante touchée. Pour une action efficace et durable, il faut choisir un produit foliaire systémique c'est-à-dire qui agit à partir des feuilles dans toute la plante et la détruit jusqu'aux racines. Il doit être aussi sans persistance d'action afin de pouvoir semer à nouveau entre 8 à 15 jours après le traitement.
Lorsque le désherbage a fait son action, on élimine les restes de gazon et de mauvaises herbes puis, on prépare le sol pour entreprendre le nouveau semis.

Pour refaire un gazon à neuf, il faut commencer par détruire puis éliminer la pelouse précédente

La suite des opérations

En fonction de l'état du terrain, on reprend soit à la création (page 12), soit au rattrapage de la pelouse (page 60).

CALENDRIER D'ENTRETIEN

Janvier/février/mars

- ne marchez pas trop sur la pelouse,
- ramassez les débris végétaux et les feuilles mortes,
- affûtez la lame de votre tondeuse.

Avril

- semez des graines de gazon, en mélange avec du terreau et du sable, dans les endroits dégarnis,
- apportez de l'engrais pour gazon,
- reprenez les tontes.

Mai

- aérez votre gazon,
- désherbez pour éliminer les mauvaises herbes,
- éliminez la mousse,
- scarifiez pour extirper tous les déchets,
- tondez régulièrement.

Juin

- tondez régulièrement,
- commencez l'arrosage s'il ne pleut pas.

Juillet/août

- si vous restez sur place, poursuivez les tontes et l'arrosage et apportez un peu d'engrais,
- si vous partez en vacances, arrêtez les arrosages trois semaines avant et tondez la veille de quitter votre jardin.

Septembre

- aérez une nouvelle fois,
- apportez un peu d'engrais adapté,
- désherbez si vous n'avez pas pu le faire au printemps,
- continuez à tondre.

Octobre/novembre/décembre

- réduisez les tontes progressivement puis nettoyez et rangez le matériel,
- surveillez les maladies,
- ramassez les feuilles mortes au fur et à mesure.

LES QUESTIONS

1 Ma pelouse est toujours humide. Que faire ?

Les causes peuvent venir d'un mauvais drainage de l'ensemble du terrain. La solution consiste en des travaux de rénovation (pose de drains) pour lesquels il est préférable de faire appel à une entreprise. S'il n'y a que quelques flaques où l'eau stagne après une pluie, la création d'un puisard rempli de gravillons puis recouvert de terre peut être suffisant.

→ page 17

2 Quel gazon semer à l'ombre ?

Sous les conifères, ne comptez pas avoir une pelouse. À l'ombre des arbres feuillus, le choix doit se porter sur une composition à base de ray-grass anglais, fétuques rouges ou fétuque ovine. Il est aussi possible d'utiliser du pâturin commun.

→ pages 8, 59

3 Ma pelouse est ancienne. Dois-je la refaire ?

Vous jugez peut-être que votre pelouse est vieille mais sachez qu'un gazon, constitué de plantes vivaces, se régénère en permanence et peut vivre de longues années. S'il ne vous plaît pas, il suffit sans doute de quelques travaux de rattrapage : désherbage, élimination de la mousse, scarification, nouveau semis, apport d'engrais et arrosage.

→ pages 60, 62

4 En été, faut-il arroser tous les jours ?

Surtout pas. Si vous arrosez avec une toute petite quantité d'eau chaque jour, votre pelouse va être verte. Mais les racines de votre gazon vont rester dans la mince couche humide de surface. Il sera beaucoup plus fragile et très sensible à toutes les agressions.

→ pages 32, 56, 57

5 La ville interdit l'arrosage des pelouses. Que faire ?

Ne vous lamentez pas. Les graminées à gazon ont une bonne faculté de résistance au manque d'eau. Votre pelouse prendra un aspect « paillasson » mais reverdira aux premières pluies. Et n'oubliez pas que, ses racines ayant cherché l'humidité en profondeur, le gazon sera plus résistant par la suite.

→ pages 32, 56, 57

6 Est-ce nécessaire de mettre de l'engrais ?

Si vous hésitez à mettre de l'engrais, c'est sans doute parce que vous pensez que vous devrez tondre plus car le gazon aura trop poussé. Cependant, l'engrais apporte l'alimentation nécessaire à la vie du gazon. Ce qu'il faut, c'est choisir un engrais adapté pour éviter les à-coups de croissance. Ce sont les engrais à action lente (« longue durée »).

→ page 34